AF345470

PALABRAS ALREDEDOR DE LA VIDA

TITULO: *Palabras alrededor de la vida*

AUTOR: *Oscar Pont ©, 2020*
COMPOSICIÓN: *superclarendon, cuerpo 10,5*
DISEÑO DE LA PORTADA: *Hakabooks©*
ILUSTRACIÓN PORTADA: *Conxa Fransoy©*

1ª EDICIÓN: *mayo 2020*
ISBN: *978-84-121397-7-8*

HAKABOOKS
08204 Sabadell - Barcelona
☎ *+34 680 457 788*
🏠 *www.hakabooks.com*
✉ *editor@hakabooks.com*
◼ *Hakabooks*

PALABRAS ALREDEDOR DE LA VIDA

Òscar Pont

Para Ada,
mi compañera de camino de vida.

A su lado la alegría es más alegre,
el dolor es más suave y
mi creatividad florece.

INTRODUCCIÓN

Querido lector, me hace muy feliz saber que tienes este libro entre tus manos.

Estos breves escritos son la cristalización de una inquietud que me ha acompañado toda la vida: buscar la esencia de mi existencia.

He investigado tanto la ciencia y la filosofía de occidente como los textos espirituales de todas las culturas que han llegado a mis manos, pero sobre todo creo que ha sido fundamental la investigación a través de mi propio crecimiento.

He puesto todo mi coraje y amor en ver realmente quién o qué soy: ¿Cómo es mi amor?, ¿cómo es mi miedo?, ¿de dónde surge mi energía para dar un paso más en la vida?

He tenido la suerte de encontrar en este camino a personas sabias que me han ayudado con su presencia y su entrega. Otras lo han hecho desde el amor y la confianza que han depositado en mí. También agradezco el trabajo transpersonal que he realizado durante estos últimos años y me ha abierto muchas puertas, descubriendo espacios y realidades antes absolutamente imposibles de vislumbrar.

No pretendo decir la última palabra sobre nada. Estoy plenamente convencido de que no existe ninguna última palabra. Miro la verdad como algo mutante y variable que toma una determinada forma según como la tratamos, de la misma manera que la arcilla cambia de forma y temperatura según en qué manos está, sin dejar de ser nunca arcilla.

Solo pretendo que mis palabras te inspiren para conocer tu verdad y te abran las puertas de la belleza y el amor, sin olvidar que vivir no es un ejercicio fácil y, sin embargo, es el mayor de los regalos que tenemos.

También quiero pedirte, querido lector, que leas este libro con calma, que des a cada texto el tiempo necesario para que se introduzca en ti, que te genere emociones, que mueva inquietudes.

I RESPIRAR

Respiro y sucede el paso del tiempo.
Todo y nada cabe en él:
el latido del corazón,
la percepción del color verde de la hierba,
el pensamiento más absurdo sobre el movimiento
de las nubes,
la sensación de hambre y
un sentimiento suave de alegría.

Respiro y otro tiempo sucede lleno de
experiencias.

No hay mucho más, el resto son cuentos que me
cuento y me recuento.

II   NORIA

La vida es un estar, hacer y ser en el ahora.

Un ahora que inmediatamente se convierte en pasado y se desvanece. Se transforma en un recuerdo cada vez más distante de la experiencia vivida.

Y la correlación de ahoras va desmintiendo mis ideas sobre lo que pasará a continuación, va desmintiendo mis pensamientos sobre el futuro.

Los miedos se esfuman cuando la experiencia presente demuestra lo poco reales que eran.

Inmediatamente mi cabeza crea nuevos futuros y nuevos miedos, una y otra vez...

...como una noria incansable.

III FELICIDAD

La felicidad siempre aparece de forma
inesperada.
Me besa y a continuación se escurre como agua
entre los dedos.

Me despisto con la multitud de estímulos que me
llegan de este mundo locamente activo
o pasa algo que me desagrada
o me invade el miedo a este futuro siempre
incierto.

Se diría que la mente se encuentra más cómoda
en estos altibajos que en el estado placentero de
la felicidad.

¿Cómo retener los instantes de paz?

Quizá se trata de aceptar su partida sin pelearme,
de la misma manera que acepto cuando el sol se
oculta detrás de las nubes.

Quizá se trata de cultivar el arte de entregarme
a lo que sucede amablemente, siendo compasivo
con los vaivenes de la mente y abrirme...
...abrirme a que la felicidad vuelva a besarme de
nuevo.

IV TRES NIÑAS

La belleza,
el amor y
el dolor
juegan como tres niñas en el patio de casa.
Entre carreras, empujones y risas,
nos abren las puertas de la espiritualidad.

V DIÁLOGO DE LA VIDA

Qué difícil vivir.
Qué difícil sostener el dolor y la frustración.
Qué difícil ver como la alegría se disuelve poco a
poco.
Qué difícil cuando las personas queridas dejan
este mundo.
Qué difícil experimentar que el cuerpo enferma y
envejece.
Qué difícil constatar que el amor y la amistad no
son eternos.

Qué maravilla vivir.
Qué maravilla cuando siento el amor hacia mis
hermanos.
Qué maravilla cuando aprecio la belleza de un
niño jugando, la belleza del canto de un arroyo,
la belleza del olor a tierra mojada, la belleza de
un cuerpo desnudo.
Qué maravilla cuando me siento querido y
cuidado por otro ser humano.
Qué maravilla al contemplar la naturaleza
en todas sus formas, desde el caminar de un
escarabajo hasta la grandeza de una noche
estrellada.

¿Será que vivir es un diálogo constante entre lo
maravilloso y lo difícil?

¿Será que vivir es un diálogo entre el placer y el
dolor?

VI CUENTOS

La vida es simplemente lo que sucede en
cada instante, pero nos cuesta tanto sostener
el azar intrínseco de la realidad y nuestra
vulnerabilidad, que nos pasamos la vida
contándonos cuentos.

Cuentos de vacío y nihilismo llenos de egoísmo y
frialdad.
Cuentos de esfuerzo y sacrificio que, no sabemos
muy bien cómo, un día nos darán una gran
compensación.
Cuentos paranoicos de peligro, amenazas y
culpabilidades que nos acechan desde todos los
rincones.

¿Cómo ser sencillamente humanos?

¿Cómo contemplar y entregarnos a la
vulnerabilidad?

¿Cómo admitir que simplemente tenemos muy
poco poder sobre nuestro futuro?

¿Cómo aceptar que el dolor forma parte de la
vida?

¿Cómo al fin comprender que no podemos acabar
con el dolor sin acabar con la vida?

VII AMAPOLA

∞

Una amapola roja sobre la hierba verde.
¡Tan bonita!
¡Tan vulnerable!
¡Tan viva!

Me recuerda nuestra condición humana.

VIII DESPERTAR

Despierto y oigo los ruidos de la casa y de la calle.

Abro los ojos y percibo la luz del sol.

Acaricio mi piel y me percato de que tengo un cuerpo que siente el placer, el dolor y la pulsión sexual que me une a la vida.

Inspiro y me llenan mil olores suspendidos en mi casa.

¡Qué gran alegría saberme vivo un día más!

IX LUZ DEL SOL

A pesar de las nubes, sé que el sol está presente y
nos da la luz y el calor necesarios para vivir.

A pesar del miedo, la culpa y la vergüenza,
sé que el amor está presente en cada uno de
nosotros en todo momento y en todas partes,
dándonos la luz y el calor necesarios para vivir.

X AGRADECIMIENTO

Nos hemos acostumbrado a vivir en la queja.
Nos hemos especializado en encontrar lo que
falta, lo que no va, lo que hay que mejorar.
Así perpetuamos la infelicidad, la nuestra y la de
los que están cerca.

Me gustaría ser capaz de mirar a mi alrededor
con una sonrisa en los labios agradeciendo la
vida, la belleza y el amor que me rodean.

XI ENTREGA

Qué difícil entregarme a la felicidad sin intentar atraparla, sin querer retenerla, sin la eterna lucha para que no se escape.

Qué difícil aceptar nuestra condición de seres en el tiempo, de seres en constante cambio.

Qué difícil aceptar que la felicidad es un estado pasajero que viene y se va.

XII   TAN FÁCIL, TAN DIFÍCIL

Sería tan fácil vivir si aceptáramos nuestra
condición humilde.
Si de una vez cayéramos en la cuenta de que no
tenemos tanto poder.
Que nuestra suerte gira como una veleta.
Que somos básicamente miopes en lo que al
futuro se refiere.
Que podemos decidir lo que hacemos, pero no las
emociones y los pensamientos que nos llevan a
tomar estas decisiones.

Sería tan fácil vivir si no creyéramos que cada
victoria es mérito nuestro.
Si no nos culpáramos por cada error.
Si pudiéramos aceptar que simplemente sucede lo
que tiene que suceder, mucho más allá de nuestros
propósitos y voluntades.

¿Te imaginas qué descanso si dejáramos de
pensarnos como seres independientes?

¿Te imaginas qué descanso si dejáramos de
vivirnos como dueños de nuestros destinos?

XIII ESCARABAJOS PELOTEROS

¿Alguna vez te has parado a pensar en el panzón de reír que se deben dar los escarabajos peloteros cuando nos ven tan enfadados porque ha fallado la conexión a Internet?

XIV CULPA

De algún lugar desconocido de mi mente surge
un pensamiento.
No sé de dónde viene.
Desconozco su porqué.
Solo sé que no lo puedo evitar, es más poderoso
que mi voluntad.

Como una semilla que cae en tierra abonada,
empieza a echar raíces que surcan todo mi
cuerpo.
Se me hunde el pecho.
Me hago pequeño.

Crece con una fuerza imparable el árbol de la
culpa.

Sus frutos son el autocastigo y el aislamiento.

Su sabor, amargo como el peor veneno.

XV ESPERANDO

Vivimos en actitud de espera.

Siempre.

Tanto cuando estamos en acción como en reposo.
Siempre estamos anhelando que algo ocurra.
Que se dé un cambio.
Que por fin llegue el momento de vivir.

La vida es justamente este instante.
Dejemos de esperar y ¡vivamos!

Si estamos de pie, vivamos el estar de pie.
Si vamos en autobús, vivamos el viaje.
Si no tenemos pareja, vivamos el no tenerla.
Y si estamos enfermos, vivamos la enfermedad,
no como idea, sino estando presentes en cada
instante.

No hace falta que nada cambie en el mundo.
No hace falta que nada cambie en nuestro
interior.
Todo lo que necesitamos para vivir está aquí en
este momento.

XVI ABRAZO

A veces, cuando abrazo a un ser querido, se da un encuentro de verdad.

En el contacto con mi cuerpo puedo sentir su presencia serena.
Mis ojos se relajan como un osezno que va a hibernar.
Mi corazón se tranquiliza como el niño perdido que por fin llega a su hogar.
Una ola de placer recorre mi piel y mi alma como un espacio continuo.

Este es el mejor regalo que puedo recibir de la vida.

Sonrío, doy las gracias.

No hay mucho más que hacer ni que decir.

XVII UN SEGUNDO DE SILENCIO

Qué maravilla cuando toco el silencio.

En esos instantes soy uno con mi cuerpo.
Un placer que está mucho más allá de los
placeres sensuales recorre mi cuerpo de arriba
abajo, gritando en el silencio que estoy vivo.

Quizá el reloj diga que ha durado un segundo.

La experiencia ha sido eterna en el sentido más
literal de la palabra *eterna*.

XVIII DECIR NO

Cuando tengo que decir *no* a una persona querida, el miedo y la culpa se atrincheran en mi interior.

Bloquean mi boca y mi garganta, maniatan con cadenas invisibles mis brazos y mis piernas.

Convierten esta tarea indispensable en una tarea imposible.

XIX ORGULLO

A veces construyo una burbuja de orgullo a mi alrededor.

Me hincha. Me sube muy arriba.

Pero allí dentro solo oigo el eco de mi voz.
Sus límites invisibles me impiden acercarme a mis seres queridos.
Lo único que veo es mi propio reflejo engrandecido por la curvatura de la burbuja.

Siento una soledad tan grande que no acierto a entender qué extraño imán me arrastra a su interior una y otra vez.

XX   LA PLANTA DEL PERDÓN

La planta que más necesito cuidar es la del perdón.

No puedo olvidarme de regarla cada día, ni de abonarla y quitarle las hojas secas.

Es una planta pequeña con flores de colores discretos…
          … sin embargo comer sus frutos me da paz y un precioso bienestar.

XXI VULNERABILIDAD

Somos vulnerables.
Podemos enfermar o tener un accidente en
cualquier momento.
Podemos morir mañana por mil causas
diferentes.

Sabemos que cada día enferman viejos, jóvenes y
también niños, que cada día mueren personas de
todas las edades sin ninguna lógica.

Quizá se trata de dejar de engañarnos con
mentiras piadosas de futuros felices y de justicia
universal.

Quizá se trata de dejar de despistarnos mirando
a otro lado y empezar a agradecer cada segundo
que nos es dado.

Cada instante de vida es un regalo que jamás se
volverá a repetir.
Casi podría decir que cada segundo que nos
olvidamos de disfrutar de esta vida es un
agravio...

        ... y a pesar de todo sigo
despistándome, sigo enfadándome por
banalidades, sigo preocupándome por hechos que
jamás van a suceder.

        A pesar de todo, sigo olvidándome de
esta dicha que es formar parte de la naturaleza
ahora.

XXII   EL MILAGRO DEL PERDÓN

Cometemos errores.

Sí, aunque nos cueste aceptarlo, la realidad es que con nuestros errores muy a menudo hacemos daño a personas queridas.

Por suerte tenemos el milagro del perdón.

El perdón a los demás, que hace posible restablecer los lazos de amor.

El perdón a nosotros mismos, que nos rescata de la culpa.

XXIII   LÁGRIMAS

∞

¡Sois tan limpias!

¡Sois tan puras!

Sois pedacitos de alma que estallan en el mundo para regresar a la tierra.

Ahora os bendigo.

XXIV   EL AMOR DEL NO

Decir *no* cuando no queremos algo es un gran acto de amor. Un gran acto de amor hacia nosotros mismos.

Aceptar el *no* de otra persona, aunque no sea lo que mejor nos sienta, es un gran acto de amor. Un gran acto de amor hacia el otro.

¿Por qué nos cuesta tanto darnos cuenta de que el amor tiene dos sentidos: uno de piel hacia fuera y otro de piel hacia dentro?

Quizá por esto Jesús dijo: "Ama a tu prójimo como a ti mismo".

Amar a otro en contra de uno mismo es un acto cruel de desamor.

XXV MIEDO

¡Me cuesta tanto decidir!

¡Doy tantas vueltas antes de tomar un camino!

¡Me obsesiono tanto antes de decidir cuál es el próximo paso!

Siempre el maldito miedo.
Miedo a fracasar, miedo a equivocarme, miedo a ser criticado, miedo a no dar la talla, miedo a no ser suficiente, miedo a defraudar.

Y así, atrapado en las encrucijadas entre dos caminos, pierdo las riquezas de la vida.

Sin tener el valor de decidir.

Sin tener el valor de fracasar.

XXVI DIFERENCIAS

Cuerpo desnudo de mujer.
¡Cuánta fuerza!
¡Cuánta armonía!
¡Cuánta belleza!

Cuerpo desnudo de hombre.
¡Cuánta belleza!
¡Cuánta armonía!
¡Cuánta fuerza!

Tan iguales unos y otros.
Tan diferentes los hombres entre sí.
Tan diferentes las mujeres entre sí.

Me sorprende la guerra de géneros.

¿Qué defendemos cuando afirmamos que somos
mejores unos que otros?

XXVII LUZ

En nuestra vida abunda la luz.

Luz del sol, que de día inunda la tierra y luego se
retira a descansar.
Luz amable de la luna, que viene y va en ciclos
mensuales.
Luz de las estrellas, tan tenue que solo la vemos
en las noches oscuras, tan preciosa que despierta
nuestra poesía.
Luz de la naturaleza, eterna, presente en todas
partes.
Luz de la vida, que brilla en la belleza de su
constante renacer.
Luz de la conciencia, que habita en el ser
humano esperando ser llamada para brillar.

Se diría que la oscuridad es un estado casual que
solo se da en espacios muy excepcionales.

XXVIII TRENZAS

Con el bisturí de la razón, un intelectual separó la belleza del amor.

Los terremotos sacudieron la tierra y una epidemia de sinsentido se extendió por los cinco continentes.
Todas las mariposas de los campos se murieron de pena y los cuentos de hadas se deshicieron en lágrimas.

Hasta que las abuelas salieron a las calles manifestando que sus nietos eran lo más bello que jamás habían visto. Y los amantes gritaron a los cuatro vientos que sus amados y amadas eran el tesoro más precioso que habían conocido. Y los niños escribieron en el aire que sus madres eran las mujeres más hermosas del mundo.

La brecha que separaba la belleza del amor cicatrizó.

Desde entonces, la belleza y el amor siguen entrelazándose en una trenza divina e infinita.

XXIX VERGÜENZA

La vergüenza es una dama sofisticada y cruel que se alimenta de secretos del pasado...

...los secretos del pasado son densos como el alquitrán y se alimentan del miedo a no ser queridos tal como somos....

...el miedo es un fantasma inefable del que no nos podemos librar, que se alimenta de la vergüenza por imaginarnos mucho peor de lo que somos...

...la vergüenza es una dama sofisticada y cruel que se alimenta de secretos del pasado...

XXX   ABRAZAR SIN RETENER

Todo lo que tengo, en realidad, no es más que un préstamo de la vida.

Hoy disfruto de una salud aceptable, tengo buenos amigos, una pareja a la que amo y algunas propiedades, y esto es una maravilla.

Sin embargo, todo esto son solo préstamos que la vida me da y la vida me quita a su antojo.

Con qué facilidad enfermamos.
Con que facilidad desaparece una amistad.
Con qué facilidad perdemos lo que poseemos.
Con qué facilidad esa persona que ayer nos amaba hoy nos puede decir adiós.

¡Qué difícil disfrutar plenamente de estos préstamos siendo consciente de que un día van a desaparecer!

Quizá abrazar sin retener sea el paso previo a la felicidad.

XXXI NADA

La verdad está viva como el agua pura que baja
por los arroyos sorteando los obstáculos en busca
del mar.

En su camino crea vida y riqueza infinita.

A todos nos gusta tener y retener la verdad.

Sin embargo, cuando intentamos poseerla, se nos
escurre como arena entre los dedos.

Pronto descubrimos que no sabemos nada de
nada.

XXXII ABUNDANCIA

¿Por qué miro más la oscuridad que la luz?
¿Por qué hablo más de maldad que de la bondad?
¿Por qué me centro en lo que falta, en lo que no
tengo?
¿Por qué me cuesta tanto disfrutar de la belleza y
el amor?

Quizá ha llegado el momento de hacer un acto de
fe para despertar la conciencia de la luz.

Quizá ha llegado el momento de agradecer estar
vivo, y dejar de llorar y rabiar por eso que mi
pequeño yo consentido cree que le falta.

XXXIII VERDAD

A veces cojo flores del campo y las pongo en un
jarrón. Durante unos días dan color, olor y vida a
mi hogar, pero siempre sucede lo mismo: pasado
un tiempo, se ponen mustias. Debo retirarlas y
recoger otras flores frescas para que mi hogar
siga lleno de color.

A veces creo que tengo la verdad, me agarro a
ella, me fanatizo, hago banderas. Pero siempre
sucede lo mismo: con el tiempo, esas verdades
dejan de serlo para dar espacio a suculentas
nuevas verdades.

XXXIV BELLEZA

La belleza está en todo momento y en todo lo que existe.

Solo necesitamos
detenernos,
respirar
y abrirnos a recibirla.

Es el camino siempre presente hacia la espiritualidad.

XXXV IDEOLOGÍAS

A veces se me pegan las ideologías.

Me fanatizan, me exaltan, me endurecen.

En esos momentos me sorprendo agrediendo
a mis hermanos y cerrando el corazón a las
personas que miran el mundo de maneras
distintas a la mía.
Mi cabeza se cierra a nuevas visiones de la
realidad y me empobrezco en todos los sentidos.

Por suerte, el amor acaba rescatándome de esta
oscura cárcel.

XXXVI ARTE DE VIVIR

Vivir es un arte…

…un arte tan infinitamente complejo…

…que toda la vida no basta…

…no basta para aprenderlo.

XXXVII APRENDER

Aprender a vivir es aprender a amar la vida.

Aprender a vivir es abrazar amorosamente
nuestro pasado, reconociendo que cada segundo
de nuestra vida fue indispensable para que exista
este ahora.

Aprender a vivir es dejar de temer al futuro. Es
aprender a caminar valientemente sabiendo que
no siempre será fácil.

Aprender a vivir es respirar este instante
degustando cada sensación que nos trae.

XXXVIII SOLEDAD

Cuando me siento solo, miro a mi alrededor, escucho atentamente y siempre me doy cuenta de que hay seres vivos cerca de mí.

Me pregunto: ¿Cómo puedo sentirme solo si hay tanta vida que me rodea?

Algunas veces la respuesta es que he necesitado retirarme como el oso que se acurruca en su guarida para lamerse las heridas.
Algunas veces la respuesta es que estoy enfadado con el mundo y he cerrado mi corazón a cal y canto.
Algunas veces la respuesta es que mi alma está rodeada de impenetrables murallas de orgullo.
Algunas veces la respuesta es que mi indignidad no me deja reconocer la mirada amorosa de otro ser vivo.

Solo en mi fantasía puedo estar realmente solo.

El amor está siempre aquí, uniéndonos como una gran red...

...aunque algunas veces seamos incapaces de percibirlo.

XXXIX AMAR

Amar es aceptar completamente la realidad y
abrazarla
en su conjunto.

Aunque no siempre esté hecha a mi medida.
Aunque sea triste.
Aunque a veces duela.

XL DOLOR

Le tenemos pánico al dolor.
Nos pasamos la vida huyendo del dolor.

Nos vendemos, nos anestesiamos, nos
traicionamos, nos falseamos, nos hacemos adictos
a sustancias o emociones para no sentir el dolor.

Se podría decir que construimos nuestro carácter
para no sentir dolor.

Y sin embargo el dolor forma parte de la vida.

Huir del dolor es huir de la vida.

Habitar el dolor es habitar la vida.

XLI DISFRACES

¡Son tan preciosos los cuerpos desnudos!
Es tan bonita nuestra verdad que me parece
absurdo este empeño en ocultarla y falsearla.

Con la ropa nos mostramos y también nos
escondemos.
Escondemos nuestra naturalidad y nuestra
verdad.
Mostramos un personaje. Un personaje con el que
nos identificamos.

XLII SOMOS

Somos olas en movimiento y somos la paz de las profundidades del mar.

Somos espuma y somos quietud.

Somos luz y somos silencio.

Somos puro movimiento y somos negra oscuridad.

Somos el frío helado y somos el calor de la acción.

Somos lo que se ve y somos lo invisible.

¡Qué maravilla cuando puedo detenerme, respirar el instante, y el silencio integra la totalidad de mi ser!

XLIII IMPERFECCIÓN

Me paso la vida esperando a que todo sea
perfecto para entregarme.

Esperando a que sea el momento oportuno para
amar.

Esperando a no tener ningún defecto para sacar
a la luz mi potencial.

Y sin embargo tengo tanto que dar a pesar de
este cuerpo imperfecto.
Tengo tanto que dar a pesar de mi vergüenza.
Tengo tanto que dar a pesar de mis culpas.
Tengo tanto que dar a pesar de no comprender el
porqué de todo.

¡Qué gran trampa es la ilusión de la perfección!

XLIV SOÑAR

¿Quién no sueña con volar?

Dejar esta tierra pesada que nos ancla
y movernos libremente en las múltiples
dimensiones del espacio.
Jugar con las nubes.
Mirar el paisaje desde lo alto.
Perseguir a los gorriones.
Tomar grandes velocidades o quedar
suspendidos como una pluma.

¿Quién no sueña con dejar de ser un ser
humano?

Ser un ser celestial.
Sin orgullo, todo amor y respeto hacia los demás.
Sin miedo, libre para pensar y sentir, libre para
existir sin ningún esfuerzo.
Sin vergüenza, todo dignidad que se manifiesta
gozosa y alegre.

Sin rabias que nos oscurecen y dañan a los seres
queridos.

Sería tan precioso, que me parece una broma de
mal gusto que no sea.

XLV DIOS

¡Se ha utilizado tanto la palabra *Dios* para
manipularnos desde el miedo!
¡Se ha utilizado tanto la palabra *Dios* para
hacernos sentir culpables de disfrutar nuestra
sexualidad!
¡Se ha utilizado tanto la palabra *Dios* para que
seamos sumisos y renunciemos a nuestros
deseos!
¡Se ha utilizado tanto la palabra *Dios* para
obligarnos a tener fe ciega en experiencias
místicas de otras personas!

Quizá lo mejor será encontrar nuevas palabras
para referirnos a la experiencia del contacto con
lo que está más allá de nuestra comprensión.
Para hablar sin cargas semánticas de nuestras
propias experiencias espirituales.

XLVI EGOCENTRISMO

A veces gano, me siento orgulloso y pienso que el mundo se ha creado a mi medida.

Otras veces pierdo y me siento culpable e inadecuado. Me da por pensar que no tengo un lugar en este mundo y mi cabeza se llena de ideas oscuras.

Cuando logro salir de mi egocentrismo, me doy cuenta de que las cosas pasan a pesar de mí. Que solo soy un elemento más de este mundo que ya era millones de años antes de mi nacimiento y que seguirá siendo millones de años después de mi muerte.

Cuando consigo salir de mi egocentrismo, siento que todas las células de mi cuerpo se relajan, mis ojos brillan y una sonrisa profunda ilumina mi rostro.

A esta sensación me gusta llamarle felicidad.

XLVII MÚSICA

Algunas veces, cuando oigo música, una ola de agradecimiento recorre mi cuerpo.

Agradezco al intérprete de cada instrumento.
Agradezco al cantante.
Agradezco al compositor.
Agradezco a la melodía que me lleva a viajar por un mundo de sugerentes emociones.
Agradezco al ritmo que me lleva unas veces al placer de la tonificación y el movimiento y otras al goce de la relajación.

Agradezco a la música tener experiencias que mi mente racional no puede explicar.

XLVIII ESPACIO

Hay fuerzas que me llevan a unirme con mis hermanos. A veces es el luminoso amor, otras la pegajosa dependencia.

Hay fuerzas que me llevan a distanciarme de mis hermanos. A veces es una necesidad de recogimiento e introspección, otras es la ira o la vergüenza.

Y mi vida pasa…
…mi vida pasa en este espacio indefinido entre la unión y la soledad.

XLIX AHORA

∞

Este es el momento de degustar la vida.

Sí, justamente ahora.
No fue ayer, cuando pasó aquello.
Ni mañana, cuando por fin tenga o suceda lo que
anhelo.

Es ahora.

Sí, justamente ahora.

Este es el momento de detenerse y respirar.

Abrir los sentidos y tomar conciencia de todo lo
que está sucediendo en este instante.

Sentir como la vida palpita en el corazón.
Sentir como la vida ilumina más allá de los ojos.
Sentir como la vida vibra más allá de los oídos.
Sentir como la vida mueve los órganos internos.
Sentir como la vida brilla en cada ser vivo de la
Tierra.

La vida está sucediendo en este instante único.
Y tú y yo tenemos la suerte de estar aquí para
sentirla.

L ABRAZAR

Abrazar es un milagro en el que el amor se hace
cuerpo.

Sentir un corazón latiendo junto a mi corazón.
Sentir como nos movemos en una danza lenta, al
ritmo de nuestros pechos que se llenan y vacían
de aire.
Percibir como el calor viaja de un vientre al otro
perdiendo su individualidad.
Saber que mis piernas me sostienen. Saber que
sus piernas le sostienen. Y que, en la verticalidad
respetuosa, descansamos y nos apoyamos el uno
en el otro.
Solo necesitamos respirar.

¿Quién puede sentirse solo después de esta
experiencia?

LI SEXO

¡Qué gran regalo vivir rodeado de seres
hermosos que despiertan mi sexualidad!

Su sensualidad abre mi deseo y de un espacio
misterioso de mi cuerpo surge una ola potente de
energía que me recorre y me envuelve.

¡Qué suerte tengo de vivir en un cuerpo sintiente!

LII ESCONDITE

La soledad y el amor juegan al escondite.

La soledad corre nerviosa de arriba para abajo buscando el rincón más oscuro para esconderse. Sabe muy bien que, si el amor la encuentra, se va a desvanecer como un fantasma en la luz.

LIII INCERTIDUMBRE

No podemos conocer el futuro.

Caminamos a ciegas, cargados de cuentos que
pretenden predecir qué va a suceder.
Cargados de supersticiones que supuestamente
harán que todo vaya según nuestros deseos.
Cargados de contratos y compromisos que, en
nuestra fantasía, sujetan lo inasible.

¿Y si aceptáramos el miedo a ser vulnerables?
¿Somos lo suficientemente valientes como para
afrontar este miedo?
¿Somos lo suficientemente valientes para
disfrutar de este instante, sabiendo que no
sabemos qué será de nosotros el instante
siguiente?
¿Somos lo suficientemente valientes para danzar
la vida mirando cara a cara a la incertidumbre?

LIV LAZOS

La belleza de la música de Liszt.
Los colores del mar al amanecer.
La pulsión del deseo.
La mirada de un amigo.
El aroma de una especie.
La brisa marina en un día caluroso.

Son algunas de las experiencias que hacen
que vivir sea una fiesta de la que no me quiero
marchar.

LV   LA LUNA Y EL SOL

La luna nos da una luz tranquila y armónica. Sin embargo, se desvanece tímidamente cuando aparece la potente luz del sol.

Del mismo modo, el placer se desvanece tímidamente cuando aparecen las prisas y el estrés.

LVI ANIMALES

Nos definimos como "animales racionales".
La primera parte la nombramos rápido y flojito,
y enseguida añadimos "racionales" con una voz
rotunda que destila orgullo.

¿Por qué no tenemos la humildad de aceptar
que nos mueven el hambre, el impulso sexual, el
miedo y el amor, como a todos los mamíferos?

Irónicamente, desde la superioridad que nos
otorgamos con la racionalidad, encerramos por
el placer de poseer, explotamos por avaricia y
maltratamos por inconsciencia a otros seres
sintientes del planeta.

LVII CORAZÓN ABIERTO

Como el canto de un pájaro que irrumpe de madrugada en el bosque silencioso, el amor que nace en mi corazón llena todo mi cuerpo en una experiencia maravillosa de placer y bienestar.

Así de sencillo.
No hacen falta grandes conocimientos.
No hace falta llegar a la iluminación.

Solo necesito detenerme, respirar y observar con mirada aceptadora a mi alrededor.
Seres humanos, animales, plantas, materia inanimada, todo despierta mi amor cuando estoy abierto a él.

Si le doy suficiente tiempo, mi corazón se abre como el capullo de una flor.

LVIII RENDICIÓN

¿Y si de una vez nos rendimos a la vida?

¿Y si de una vez nos entregamos a lo que Es sin resistencias ni condiciones?

¿Y si de una vez nos armamos de valor para convivir con el miedo?

¿Y si de una vez aprendemos a respirar la vergüenza y le hacemos un lugar a nuestro lado sin darle poder?

¿Y si de una vez nos rendimos humildemente a lo caótico?

Por fin respiraremos en paz, sin esfuerzo, sin culpas, sin reproches.

Aceptando que todo es como es y que nuestra voluntad no tiene mucho que decir al respecto.

Por fin seremos libres en todos los sentidos de la palabra libre.

LIX SILENCIOS

Hace muchos años, un músico quiso componer
una sinfonía sin silencios.
¿Para qué dejar espacios vacíos, con todo lo que
quiero transmitir?, se decía.

Pronto se dio cuenta de que para el ritmo y la
melodía era tan importante el sonido como el
silencio.

De igual manera, para la vida es tan importante
el trabajo como el descanso.
La inhalación como la exhalación.
La comunicación como el silencio.
El juego como el aburrimiento.
La creatividad como la rutina.

Vivir es una sinfonía donde cada "hacer" y cada
"dejar que la vida haga" son hermosamente
imprescindibles.

LX DIOSES

Estudiando la historia de la humanidad, me doy
cuenta de cuántos dioses distintos ha habido.
Me doy cuenta de cómo el concepto de dios ha ido
evolucionando de la mano de los cambios en la
alimentación, el clima, nuestra visión del mundo,
la forma de adaptarnos al medio y de establecer
relaciones sociales.

¿Será que cada dios es el negativo de un instante
cultural?

¿Será que dios es solo una idea que los humanos
creamos para llenar el vacío espiritual de una
civilización que nos aleja de la fuente?

Por el contrario, la experiencia mística es
universal y atemporal.

¿Cómo sería vivir las experiencias místicas sin
ponèrles palabras, sin ponerles títulos?

¿Cómo gozar plenamente de la experiencia
mística transmitiendo la grandeza de lo vivido en
silencio?

Quizá el verdadero problema es que queremos
convencer e imponer a los demás nuestras
experiencias internas como verdades universales.

LXI MAGIA

La risa y el juego son la prueba indiscutible de que la vida es algo más que la supervivencia del más fuerte.

Que vivir es mucho más que una lucha por la comida, el apareamiento y el poder.

Si observamos bien, podemos ver que cada forma de vida esconde magia, juego y belleza totalmente inútiles para la supervivencia.

Me pregunto si el sentido de la vida consiste simplemente en saber gozar de esta magia.

LXII HERMOSURA

¡Qué hermosa es la naturaleza en todas sus formas!

¡Qué hermoso es un bosque!
¡Qué hermoso es el desierto!
¡Qué hermosa es una hormiga!
¡Qué hermosa es la flor de un cactus!
¡Qué hermoso es el cuerpo humano!
¡Qué hermosa es la mente racional!
¡Qué hermoso es nuestro deseo!

Aquí y allá todo está tan lleno de sentido, todo tan lleno de belleza...

Estando en la naturaleza me siento tan colmado de amor que me cuesta creer que hayamos creado un mundo artificial y que vivamos en él tan sumisamente.

LXIII TIEMPO

El tiempo nos espera imparcial.
El tiempo está abierto a todo lo que ocurre,
no tiene preferencias, no elige, no dirige, no
aprueba, no reprocha.

El tiempo simplemente contiene todo lo que
sucede, todo lo que sucederá y todo lo que ha
sucedido.

¿Por qué nos pasamos la vida peleando con el
tiempo?, ¿queriéndolo más rápido o más lento?,
¿queriendo que se detenga o que desaparezca?

Quizá ha llegado el momento de que nuestro
pequeño yo salga de en medio.
Quizá ha llegado el momento de dejar el "yo
quiero", el "me gusta-no me gusta", y honrar la
imparcialidad del tiempo.

LXIV RED

Vivimos con la loca idea de que somos seres independientes, sin darnos cuenta que el amor nos une mucho más allá de la distancia física y temporal.

Nos tratamos como si fuéramos bolas de billar sobre una gran mesa, que van corriendo locamente, chocando entre sí, luchando constantemente por el espacio y el poder.

A mí me gusta pensar que somos como nudos de una gran red. Cada uno imprescindible para que la red sea fuerte. Cada uno único y diferente, y a la vez todos formando parte irreemplazable de algo mucho mayor que cada uno por sí solo.

Quizá la idea de la individualidad haya sido la más dañina de la historia.

LXV NECESIDAD

Necesito tanto a los otros...

Es tan imprescindible tener a alguien a quien
querer.
Es tan básico sentir el calor de otro ser humano.

Soy tan drásticamente social...

No es de extrañar que de vez en cuando me
traicione por miedo a ser rechazado.

No es de extrañar que me olvide de mí mismo
con la fantasía de que así retendré a mis seres
queridos.

Cómo me cuesta perdonarme por ser así de
carente...

Cómo me cuesta quererme reconociéndome tan
necesitado de amor...

LXVI PASADO

Lo que sucedió ayer tiene consecuencias sobre
este instante presente.
No hay duda.
Si ayer no cené, hoy me despierto con hambre.
Si ayer me rompí el brazo, hoy me despierto
escayolado.

Pero el pasado ya no existe, ahora solo existe lo
que está sucediendo en este instante preciso.

¿Cómo aceptar las consecuencias del pasado sin
pelearme con él, sin sentirme culpable, sin acusar
a otros, sin que tiña de miedo mi futuro?

¿Cómo vivir entregándome en cuerpo y alma
al presente sin ninguna reserva, sin ninguna
exigencia?

Qué gran paz cuando consigo vivir este instante
presente sin el fantasma del pasado.

LXVII VOCES

En mi cabeza hay un vocerío.
Un verdadero bazar oriental.

Una voz dice: "¡Sigue adelante!", otra: "¡Detente!,
tengo miedo" una tercera: "¡Confía!, estás bien
preparado", otra más: "¡Qué vergüenza!, mejor
desaparezco"…

Ninguna de estas voces me representa, ninguna
tiene razón, ninguna es buena ni mala, ninguna
me va a salvar.

Vivir es aprender a dialogar con uno mismo.
Aprender a escuchar todas mis voces, pero solo
hacer caso a las que me hacen bien.

Es importante aprender a distinguir estas voces
internas, ponerles nombre, saber de dónde viene
cada una y cuál es su intención.

LXVIII ORDEN NATURAL

¡Qué generosa es la vida!

Nos da frutos jugosos como el palosanto, flores que huelen maravillosamente como el jazmín, animales hermosos como los papagayos.

Pero no podemos olvidar que la vida es muy anterior al ser humano, tanto en el tiempo como en el orden natural.

Es solo nuestra fantasía antropocéntrica la que nos hace creer que la naturaleza está hecha a nuestra medida.

La vida da con la misma naturalidad rosas que setas venenosas, mariquitas que tarántulas, salmones que tiburones.

Viendo cómo estamos actuando, me parece urgente que seamos lo suficientemente humildes para comprender que los humanos solo somos el fruto más tardío de la generosidad de la vida.

LXIX DESEO

El deseo aparece como una ola imparable, nos posee, nos arrastra, nos lleva y nos retorna.

Tanta fuerza nos da miedo, por esto durante siglos hemos considerado el deseo como el peor enemigo de la moralidad y de la espiritualidad.

Hemos utilizado la religión y el poder para reprimir el deseo, ensuciándolo y asociándolo al diablo y a las fuerzas del mal.

¿Por qué no aliarnos con el deseo?
¿Por qué no utilizar su gran potencial para que nos lleve a la plenitud de la vida?
¿Por qué no utilizarlo como puente hacia lo que está más allá de la comprensión de la razón?

¿Y si dejamos de luchar contra nuestra naturaleza?

LXX BENDICIÓN

Cuando el deseo, el amor y el placer convergen en el mismo tiempo y en un mismo lugar, se da una de las mayores maravillas de la vida.

Benditos somos todos aquellos que hemos tenido esta experiencia al menos una vez en la vida.

LXXI ACEPTACIÓN

La tarea más difícil es aceptarme completamente
a mí mismo.

Aceptar mi cuerpo tal como es sin contarme
cuentos, sin autocomplacerme con mentiras
piadosas.
Mirarme al espejo y aceptar los tonos de mi piel.
Aceptar cada arruga, cada grano, cada peca.
Aceptar la forma de mi barriga, de mis hombros,
de mi sexo.
Aceptar las secuelas de mis enfermedades, de
mis accidentes, de mis malos hábitos.
Aceptar el timbre de mi voz.
Aceptar el envejecimiento.

Aceptar que a veces tengo miedo y todo lo que
hago cuando soy uno con el miedo.
Aceptar que a veces me enfado y todo lo que
hago cuando soy uno con el enfado.
Aceptar que a veces tengo envidia y todo lo que
hago cuando soy uno con la envidia.

Dejar de una vez de reprocharme por sentir.
Dejar de culpabilizarme por haber actuado.
Dejar de martirizarme por ser como soy.

Ser lo suficientemente valiente para pedir
perdón.
Ser lo suficientemente honesto para pagar por el
daño que he causado.

Ser lo suficientemente compasivo para perdonarme a mí mismo.

Y seguir viviendo con la seguridad de que las emociones volverán a poseerme.

LXXII PERFECCIÓN

Un círculo perfecto solo lo encontramos en la abstracción de las matemáticas. En la naturaleza hay formas parecidas, pero no hay nada que tenga la forma de un círculo perfecto.

Un cuerpo humano perfecto solo lo encontramos en los libros de anatomía —o quizá en las revistas y la televisión tras horas de maquillaje, con imágenes retocadas, con cámaras que escogen los ángulos precisos—, pero un cuerpo perfecto no lo podemos encontrar en la realidad.

En la realidad tenemos cuerpos que están vivos, cuerpos que funcionan manteniendo un equilibrio inestable. Un equilibrio que llamamos salud.

Este equilibrio inestable es el regalo de la vida.

LXXIII LIBERTAD

¿Realmente puedo atribuirme la autoría total de cada decisión que tomo?

Tengo la ilusión de que soy yo quien toma las decisiones porque, desde lo que pienso y lo que siento, en cada momento decido qué hacer.

Pero ¿de dónde surgen estos pensamientos?

¿Soy yo quien decide qué voy a pensar o lo que pienso es el resultado de todas las experiencias intelectuales y vitales que he tenido hasta ahora?

¿Si hubiera nacido en otro país o en otro momento histórico, tendría las mismas creencias que ahora considero tan ciertas?

De igual manera me doy cuenta que no puedo decidir qué voy a sentir en cada momento.
La alegría, la tristeza, el deseo o el enfadado me invaden independientemente de mi voluntad.
Surgen por resortes internos que no puedo controlar. Son fuerzas poderosas que me poseen y, a veces, dirigen mi vida.

LXXIV NUBES BLANCAS

Unas nubes blancas viajan ligeras por el cielo
azul.

> Despiertan la fantasía de los niños.
> La creatividad de los artistas.
> Los sueños de los románticos.
> La inspiración de los poetas.

Unas nubes blancas viajan ligeras por el cielo
azul sin ninguna forma definida, sin ninguna
dirección, sin ninguna intención, sin ningún
propósito y, sin embargo, derrochan abundancia.

¡Qué bueno sería poder vivir como una nube
blanca!

LXXV CARICIAS

Dar amor y placer en un solo movimiento.
Sentir amor y placer en un solo instante.

Si nos entregamos al acto de la caricia, las
fronteras del que da y el que recibe se disuelven.

La magia de la vida convierte el dos en uno y
el uno en la infinidad de sensaciones que se
despiertan en la piel, en el cuerpo, en la mente y
en el espíritu.

Tocamos el cielo al tiempo que el cielo se hace
materia que recorre el cuerpo.

Una caricia es una bendición en la que se
entrelazan eternamente el placer y el amor.

Una caricia es una bendición que me reconcilia
con la condición humana.

LXXVI RIQUEZA

Yo no soy ni blanco ni negro.

Mi piel es de un color tostado que varía
sustancialmente de tono en cada zona de mi
cuerpo.

Yo no soy ni creyente ni ateo.

Mi fe se crea y se re-crea alrededor de las
experiencias de amor, de dolor, de gozo y de
belleza que vivo en mi cuerpo y en mi mente.

Con qué facilidad nos encasillarnos bajo un titulo.
Sin darnos cuenta, reducimos la multiplicidad
de la existencia a conceptos.
Sin darnos cuenta, perdemos la riqueza de la
realidad.

¿Acaso alguien sería capaz de decir de qué
color es el cielo del amanecer?

¿Acaso alguien sería capaz de reducir los
azules del mar a un solo color?

LXXVII MEDITAR

Estar aquí.
Justamente en el punto donde estoy sentado.

...respirar...

...tomar conciencia de que ya no estoy aquí, mi
mente se fue a algo que tengo que hacer...

...respirar...

...volver a la riqueza de este ahora irrepetible.
Escuchar los sonidos que vibran en el espacio.
Sentir mi cuerpo y las señales de placer y dolor
que recibo de él...

...respirar...

...tomar conciencia de que ya no estoy aquí, mi
mente se fue al pasado, a la culpa por algo que
creo que no hice bien...

...respirar...

...volver a la riqueza del ahora.
Observando la belleza que reside en todos los
objetos.
Observando cómo se mueven los deseos dentro de
mí.
Observando cómo se mueven las aversiones
dentro de mí....

...respirar...

...tomar conciencia de que ya no estoy aquí, mi mente se llenó de miedo por algo que podría ser que sucediese.

Y volver aquí...

...respirar...

Esta es la danza de mis meditaciones.

Tan simple, tan sumamente compleja.

LXXVIII SEXUALIDAD

El sexo es una llamada de la vida.

Desde el centro de mi ser, la vida empuja para
estar en este ahora: siento la cadera, disfruto del
placer, me entrego a la pulsión instintiva.
Pero...

La vergüenza la encarcela.
El miedo la esconde.
La culpa la ensucia.
La mente la empequeñece,
la convierte en conceptos fríos,
en palabras anónimas.

La sexualidad puja con más fuerza y explota
como un volcán.

Es la vida que reclama su derecho a ser.

LXXIX AMOR

... a pesar de todo lo duramente que nos juzgamos, el amor está irremediablemente presente en todos nuestros actos...

...como el olor en el jazmín...

...como la sal en el agua del mar...

...como el destello en el rayo...

LXXX ANDAR

Mirar de frente a la vida y decir sí.

Y dar el siguiente paso, consciente de que no hay ninguna garantía de éxito, sabiendo que no hay ninguna red que amortigüe la caída.

Y a pesar de todo, darlo mirando hacia delante con firmeza.

Y seguir andando sin contarme mentiras piadosas de dioses que cuidan de los "buenos".
Ni mentiras ingenuas de destinos que mágicamente se ajustarán a mi voluntad.
Ni mentiras materialistas que afirman que con más dinero seré más feliz.

Andar, simplemente andar, con el convencimiento que no hay nada más sagrado y más frágil que la vida.

LXXXI PLACER

Darme cuenta que al inspirar soy uno con el aire.

Darme cuenta que al expirar el aire es uno conmigo.

Estar presente en mi cuerpo y a la vez formar parte de todo lo que existe.

Respirar el vacío y al mismo tiempo respirar la completitud.

¡Cuánto placer cabe en un instante!

LXXXII RISA

De un espacio interior sobre el que no tengo
poder ni control surge la risa.

Inunda mi cuerpo.
Me vuelve del revés.

Me desborda…
… y sale al exterior llenando el aire de piruetas y
cascabeles.

Por unos instantes, la experiencia de vivir feliz y
completo se ha expandido hasta borrar todos los
límites.

LXXXIII   VANIDAD

¿Recuerdas cuando creíamos que dios era a nuestra imagen y semejanza?

¿Cuando creíamos que todo en la naturaleza estaba creado para nosotros?

¿Cuando creíamos que éramos el centro del universo?

¿Cuando creíamos que éramos el fin y la obra maestra de la creación?

Hoy, en instantes de lucidez, miro el mar, las nubes, la infinidad de seres vivos que me acompañan y, humildemente, doy gracias por su existencia.

LXXXIV BAILE

∞

... y a pesar del miedo, sigo danzando la vida...

¿Quieres bailar conmigo?

LXXXV   FE

————————— ∞ —————————

¡Cuántas vidas!

¡Cuántos errores!

¡Cuánto dolor!

¡Cuánto sufrimiento!

...y sin embargo....
         ...sigo creyendo en el ser humano.

LXXXVI SENTIDO

Nos enredamos en juegos mentales en busca del
sentido de la vida.
Nos perdemos en abstracciones y en ideas
bonitas del más allá.

Y sin embargo la vida está aquí esperando a que
nos detengamos a gozarla.

> Párate a recibir el abrazo de un amigo,
> la belleza de un árbol en primavera,
> el sobrecogimiento de un orgasmo,
> el placer de una caricia,
> las notas de un piano.

LXXXVII QUIÉN SOY

A veces soy un volcán de luces de colores que derrama alegría.

A veces ni el más desolado desierto se siente tan árido y triste como yo.

A veces soy una retorcida zarza de espinas que pinchan a diestro y siniestro.

A veces estoy congelado y soy como un cubito de hielo en un refresco, dando vueltas sin saber ni hacia dónde ni por qué.

Quizá solo soy un simple medio para que una infinidad de estados se puedan encarnar.

LXXXVIII REFLEJO

¡Qué intensidad cuando la luz del sol se refleja en el mar!

Las olas fragmentan este reflejo en mil pedacitos de luz que viven unos instantes e inmediatamente desaparecen sin dejar rastro.

Sin embargo, el reflejo del sol sigue deslumbrándome.

LXXXIX BESO

Una experiencia inesperada de belleza se expande
por mi ser hasta ocuparme por completo, igual
que una gota de tinta cuando se disuelve al caer
en el agua.

Mi tiempo interior se para en un infinito
concreto.

La respiración es el vaivén que une y separa el
interior del exterior.

El corazón sigue latiendo tozudamente.

Es un instante mágico en el que la belleza y la
espiritualidad se besan apasionadamente.

XC HUMILDAD

No estoy solo.

El mundo está lleno de otros iguales y diferentes a
mí.
Ellos viven sus vidas indiferentes a mi realidad.

Mientras duermo, unos trabajan tenazmente.
Mientras leo estas líneas, otros se bañan en el
mar.
Mientras desayuno, algunos duermen
tranquilamente.
Mientras escribo, unos nacen y otros mueren.

No soy tan importante como mi orgullo me hace
creer.

¡Cuánta libertad habita en la humildad!

Libre del control.
Libre de la culpa.
Libre de la mente anticipadora.

XCI MIENTRAS VIVIMOS

Mientras vivimos suceden cosas.

Algunas veces creemos que estos sucesos
nos benefician, entonces nos alegramos y
damos gracias a Dios por su generosidad y
benevolencia.

Otras veces creemos que nos perjudican y
nos enfadamos o nos entristecemos y nos da
por pensar que Dios no es justo, incluso nos
sorprendemos pensando que Dios nos está
castigando por nuestras malas acciones.

¿Y si en realidad no existe un yo ni un Dios
independientes del resto de las cosas que
suceden?

¿Y si el concepto de yo y el concepto de Dios
no son más que hipótesis que nuestra mente
ha creado para lograr sostener esta sensación
de levedad y vulnerabilidad inherente al ser
humano?

XCII ABURRIMIENTO

Miro hacia la ventana y veo las hazañas de una mosca chocando una y otra vez con la pared invisible de cristal.
Mirando un poco más allá veo las hojas de los árboles que bailan con el viento. Pasan alternativamente de un verde brillante a un sutil plateado.
Más lejos puedo observar unas nubes que se mueven lentamente en el cielo azul, cambiando de forma, insinuando diferentes figuras en mi imaginación.

Con todos estos espectáculos sucediendo a la vez, ¿cómo es posible que a veces me aburra?

XCIII ARCO IRIS

El arco iris aparece cuando la luz del sol incide
con un cierto ángulo sobre las gotas de lluvia,
independientemente de si unos ojos lo están
viendo.

A veces estoy lo bastante atento para darme
cuenta de su presencia.
A veces estoy lo bastante tranquilo para
detenerme a observarlo y disfrutar de su belleza.
A veces estoy lo bastante abierto a la
espiritualidad para dejar que su magnificencia me
llene de paz y amor hacia la vida.

XCIV MONEDAS

Cuando observo las dos caras de una moneda, me doy cuenta de lo diferentes que son sus imágenes y las letras grabadas en ellas. Pienso: no hay duda, tenemos una cara y una cruz.

Cuando observo la moneda en su totalidad, veo que está hecha de un metal brillante, tiene una determinada temperatura y un peso concreto.

¿Qué sucedería si observara las mil caras de la verdad de la misma manera, atendiendo a la realidad última que hay detrás?

XCV EMOCIONES

Mi emocionalidad es mi grandeza...

...y al mismo tiempo mi punto ciego.

XCVI PASEANDO

La paciencia y la aceptación pasean de la mano.
Una abre paso a la otra y la otra a la una.

Caminando elegantemente, generan belleza y
paz a su alrededor.

XCVII IMAGEN

Ante el espejo observo mi imagen, mi realidad, mi verdad.

Cierro los ojos y tengo la certeza de que mi imagen no desaparece. Sé que sigue ahí parada delante de mí aunque no la vea.

Y también sé que no hay ninguna realidad en el espejo, nada que se pueda tocar, oler, oír, saborear. Mi imagen es solo un efecto óptico por la reflexión de la luz sobre el cristal.

XCVIII OLAS

Veo como vienen las olas hacia la orilla.
¡Cada una tan diferente!

Algunas vienen con fuerza, haciendo un gran
estrépito.
Algunas vienen dulcemente, como una caricia.
Algunas vienen levantando espuma, pintando
hermosos espacios blancos en el mar tan azul.
Algunas vienen de lado, como buscando su lugar.
Algunas son tan tenues que no alcanzo a saber si
vienen o van.

Pero todas, todas, acaban rompiéndose en la
orilla y vuelven a disolverse en el mar infinito.

Como las olas, todas nuestras vidas son tan
diferentes...
Es tan distinto como cada uno de nosotros danza
la vida...

Pero todos, todos, acabaremos muriendo y nos
disolveremos en ese mar infinito que está más
allá de lo que nuestra mente puede llegar a
concebir.

XCIX   SIN BELLEZA

¿Qué sería del mundo sin belleza?

Sería como vivir en un laberinto de pasiones sin principio ni final.

Sería como flotar en un espacio vacío e infinito, sin galaxias, ni estrellas, ni planetas.

Sería como hacer el amor con alguien que no deseas.

C ALEGRÍA

La alegría es un precioso e inocente conejito blanco que solo se atreve a salir de su madriguera cuando no huele la amenaza de la voraz culpa, la sombra de la pertinaz vergüenza o el peligro de la feroz rabia.

CI INSTANTE PRESENTE

¿Te das cuenta de que es justamente ahora?

¿Te das cuenta de que todo lo que te ha sucedido en la vida converge en este instante presente?

¿Te das cuenta de que todo y cada detalle de tu vida ha sido necesario para que sucediera este ahora con su grandeza y su pequeñez, con su levedad y su profundidad, con toda la belleza que está esperando a que la disfrutes?

¿Te das cuenta de que en este ahora se genera todo lo que te va a suceder el resto de tu vida?

Todo.

Todo parte de este instante.

Este ahora es el punto de convergencia.

Es justamente lo que le da sentido a todo lo sucedido y todo lo que sucederá.

ÍNDICE

Respirar	11
Noria	12
Felicidad	13
Tres niñas	14
Diálogo de la vida	15
Cuentos	16
Amapola	17
Despertar	18
Luz del sol	19
Agradecimiento	20
Entrega	21
Tan fácil, tan difícil	22
Escarabajos peloteros	23
Culpa	24
Esperando	25
Abrazo	26
Un segundo de silencio	27
Decir no	28
Orgullo	29
La planta del perdón	30
Vulnerabilidad	31
El milagro del perdón	32
Lágrimas	33
El amor del no	34
Miedo	35
Diferencias	36
Luz	37
Trenzas	38
Vergüenza	39
Abrazar sin retener	40
Xxxi nada	41

Abundancia   42
Verdad   43
Belleza   44
Ideologías   45
Arte de vivir   46
Aprender   47
Soledad   48
Amar   49
Dolor   50
Disfraces   51
Somos   52
Imperfección   53
Soñar   54
Dios   55
Egocentrismo   56
Música   57
Espacio   58
Ahora   59
Abrazar   60
Sexo   61
Escondite   62
Incertidumbre   63
Lazos   64
La luna y el sol   65
Animales   66
Corazón abierto   67
Lviii rendición   68
Silencios   69
Dioses   70
Magia   71
Hermosura   72
Tiempo   73
Red   74
Necesidad   75
Pasado   76
Voces   77
Orden natural   78
Deseo   79
Bendición   80

Aceptación   81
Perfección   83
Libertad   84
Nubes blancas   85
Caricias   86
Riqueza   87
Meditar   88
Sexualidad   90
Amor   91
Andar   92
Placer   93
Risa   94
Vanidad   95
Baile   96
Fe   97
Sentido   98
Quién soy   99
Reflejo   100
Beso   101
Humildad   102
Mientras vivimos   103
Aburrimiento   104
Arco iris   105
Monedas   106
Emociones   107
Paseando   108
Imagen   109
Olas   110
Sin belleza   111
Alegría   112
Instante presente   113